AF356514

CATALOGUE

DE

MONNAIES, MÉDAILLES

ANTIQUITÉS ET OBJETS D'ART

LA PLUPART RECUEILLIS EN ESPAGNE DE 1850 A 1854

Tels que

STATUETTES ET OBJETS ANTIQUES
CAMÉES, PIERRES GRAVÉES, POTERIES
BRONZES FLORENTINS, PORTRAITS HISTORIQUES
ARMES, COQUILLES, BOIS ET IVOIRES SCULPTÉS, BIJOUX ANCIENS
MÉDAILLONS CISELÉS DES XVe, XVIe ET XVIIe
SIÈCLES, MONNAIES ROMAINES EN OR
ARGENT ET BRONZE

*Dont la vente aux enchères publiques aura lieu, à Paris, les
Vendredi 17 et Samedi 18 Mars 1854, heure de midi*

HOTEL DES COMMISSAIRES-PRISEURS

Rue Drouot, n° 5, Salle n° 3, au premier étage

Par le ministère de Me DELBERGUE-CORMONT, Commissaire-Priseur,
rue de Provence, n° 8, chez lequel se distribue ce Catalogue

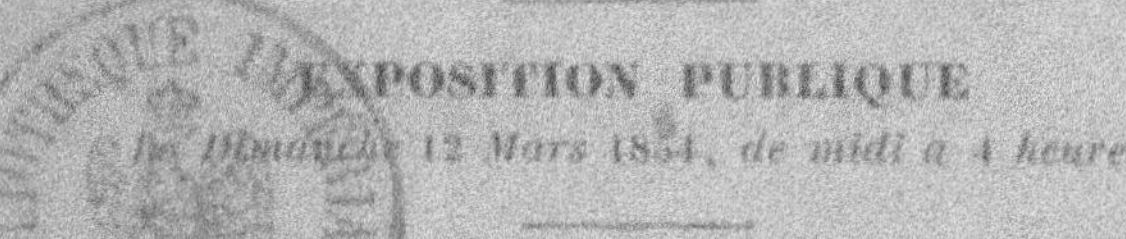

L'EXPOSITION PUBLIQUE

Le Dimanche 12 Mars 1854, de midi à 4 heures

PARIS

IMPRIMERIE DE J. CLAYE ET Cie

RUE SAINT-BENOIT, 7

1854

CATALOGUE

DE

MONNAIES, MÉDAILLES

ANTIQUITÉS ET OBJETS D'ART

ANTIQUITÉS DIVERSES.

1. Statuette antique en bronze, de style très-ancien, représentant un guerrier nu, le bras droit levé, la tête couverte d'un casque ovoïde ; les pieds chaussés de bottines. Belle patine. — Hauteur, 23 centimètres. — Ce bronze, d'une antiquité incontestable et d'une dimension rare, a été trouvé en faisant les travaux des fortifications de la puerta de Tierra à Cadix.

2. Une paire de bracelets (armillas) en bronze, très-soigneusement gravés au burin, avec patine verte. — Diamètre, 8 centimètres.

3. Figurine en bronze de travail très-barbare, peut-être l'Isis popularis des Celtibères, représentée en pied, enveloppée d'un vêtement qui ne laisse à découvert que la figure et les mains. — Haut. 9 cent. — Elle a été trouvée, avec quelques monnaies celtibériennes, aux environs de Manzanarés (Mancha).

4. Hachette en bronze, creuse et munie d'un anneau. — Longueur, 13 cent. — Autre plus petite. — Longueur, 7 cent.

5. Instrument d'usage inconnu, en jade vert translucide. — Long., 29 cent. — Cet objet, qui est peut-être un strigille de bain, a été trouvé à Santiponce (ancienne Italica), près Séville.

6. Urne funéraire en verre, de grande dimension, à bords recourbés. — Diam., 20 centimètres.

7. Grand vase étrusque, à deux anses, avec dessins rouges sur fond noir, représentant des figures d'un bon travail. — Haut, 42 cent.

8. Autre vase funéraire, dit canope, en pierre calcaire, avec une inscription hiéroglyphique en quatre colonnes. Le couvercle est formé par une tête de sphinx. — Haut., 36 cent.

9. Petite figurine représentant un esclave accroupi, la tête couverte d'un bonnet recourbé. Terre cuite antique, trouvée dans l'île de Mayorque. Haut., 10 cent.

10. Main en marbre, ayant une bague à l'annulaire et tenant un volumen. — Trouvée à Santiponce. — Long., 17 cent.

11. Un bout de flèche en fer. — Deux stiles en os. — Un plomb de fronde dont se servaient les peuples baléares.

12. Un sifflet de théâtre, en os. — Une cuiller à encens et un petit bracelet en bronze.

13. Une clef en bronze. — Trois fibules dont une en argent en forme de bouclier.

14. Un fer de lance fortement oxydé, et une hachette celtibérienne en silex.

---

15. Buste de nègre, en basalte noir, de très-beau style. Travail florentin de l'époque des Médicis (XVIᵉ siècle). — Haut., 44 cent. — Largeur, 31 cent. — Socle en marbre blanc.

16. Le gladiateur Borghèse ou le héros combattant. Beau bronze florentin du XVIIᵉ siècle. — Haut, 25 cent.

17. Vénus et l'Amour. Groupe en bronze, monté sur un socle en serpentin garni de bronze doré. — Haut., 32 cent.

18. Statuette d'une femme étrusque, surmoulée sur l'antique. Elle tient un

fruit de la main droite et de l'autre le pan de sa robe.—Bronze, haut., 10 cent.

19. Autre. — Hercule debout, la peau du lion sur l'épaule, tenant un vase de la main droite. — Bronze, haut., 10 cent.

CAMÉES ET PIERRES GRAVÉES ANTIQUES.

20. Sardoine à trois couches. — Bacchus debout tourné à gauche, la partie inférieure du corps enveloppée d'une draperie ; il tient de la main droite une coupe, et de la gauche un thyrse dont la hampe est cachée dans le vêtement. Très-beau camée de travail grec antique, rare par son style et ses dimensions. Il a été trouvé en 1852, à Santiponce, près Séville, sur les ruines de l'ancienne Italica.

21. Sardoine. — Guerrier debout près de son cheval. Intaille.

22. Jaspe rouge. — Têtes adossées de Mars et d'Hercule. Intaille de bon travail, trouvée à Saragosse.

23. Sardoine rayée. — Triton ou dieu marin. Intaille trouvée à Cadix.

24. Grenat. — Sujet astronomique, deux poissons en sens contraire. Intaille.

25. Agate. — Cabire debout, portant un vase et un marteau, entre un dauphin et deux astres. Intaille trouvée à Almeria.

26. Jaspe rouge. — Bustes accolés de Sérapis et d'Isis. Intaille montée en bague.

27. Cornaline blanche. — Tête de philosophe, entourée d'un cercle. Intaille.

28. Jaspe sanguin. — Lion dévorant un taureau. Intaille montée en bague.

29. Nicolo. — Un moissonneur et le murex. Deux pierres intailles.

30. Trois autres en jaspe : Némésis debout, masque scénique et les Attributs des quatre divinités.

31. Prisme : Cérès debout. — Agate ; Buste d'Isis en forme de canope.

32. Jaspe rouge : Divinité panthée. — Cornaline blanche : Jupiter assis.

33. Cornaline : Tête d'Annius Vérus et femme casquée debout. 2 pierres.

34. Deux petits camées : Tête de la Gorgone et tête de femme voilée.

35. Cornaline blanche : Dauphin sur un trident. Intaille montée en bague.

36. Sardoine : Venus victrix. — Jaspe sanguin : Le murex avec I. II.

37. Agate. — Tête de philosophe. Intaille montée en bague.

38. Quatre scarabées antiques, un camée et une pâte de verre.

39. Vingt autres pierres gravées antiques, de diverses matières.

---

40. Caillou d'Égypte. — Tête de nègre très en relief. Camée du XVIe siècle.

41. Saphirine. — Silène assis, tenant un raisin. Intaille en bague.

42. Sardoine. — Philoctète blessé. Intaille de grande dimension.

43. Cornaline. — Faune agenouillé, pressant une grappe de raisin.

44. Six camées et une cornaline intaille montée en épingle.

CURIOSITÉS ET OBJETS D'ART.

45. Ancien yatagan maure (alfangel), lame de Damas, avec poignée en argent finement ciselée. Fourreau en chagrin incrusté d'argent. — Long., 85 cent.

46. Peigne en bois sculpté, travail majorquin du XVe siècle, avec arabesques et ornements à jour d'un beau travail. On lit au milieu : *Pu-ra-Alsa-mora.* — Haut., 9 cent.; larg., 15 cent.

47. Râpe à tabac en ivoire sculpté, du temps de Philippe V, représentant en relief, saint Michel-Archange foudroyant les Anges des ténèbres. — Long., 24 cent.

48. *Portrait d'Henri III.* Peinture très-ancienne, sur bois, représentant ce personnage avec des pendants d'oreilles, coiffé d'un bonnet orné d'une plume noire, et portant le grand cordon de l'Ordre du Saint-Esprit. On lit autour : *Henry III, roy de France et de Pologne.* Cette peinture est d'une vérité remarquable et d'une grande finesse d'exécution. — Haut., 14 cent., — larg., 12 cent. Cadre ancien, bois doré.

49. *Portrait de Marie Stuart.* — Peinture du même genre que la précédente, représentant la reine en costume de deuil. On lit autour : *Marie Stuart, royne Descosse, douairiere de France.* Cadre et dimension comme ci-dessus.

50. *Portrait de François Ier.* Même faire que les précédents et de la même

époque. Ce personnage est représenté à mi-corps, avec toute la barbe, la tête couverte d'une toque ornée de perles et d'une plume blanche. Inscription : *François premier, roy de France.* Cadre et dimension comme ci-dessus.

51. *Portrait d'Henri de Montmorency* (1). Peinture du même genre et également de l'époque, mais moins bien conservée. On lit autour du même buste : *Henry de Montmorenci duc pair et mareschal de France.* Cadre et même dimension que ci-dessus.

52. Deux miniatures anciennes, sur cuivre, dont un portrait du duc de Vendôme et celui d'une Infante d'Espagne.

53. Poignard indien à lame évidée, avec poignée en ivoire sculpté et doré, représentant une figure japonaise en pied. — Long., 25 cent.

54. Ancien coffret à bijoux, en albâtre peint, orné d'émaux et de pierres gravées. Garniture en argent ayant un cercle intérieur en cuivre. — Long., 14 cent.

55. Grand plat ovale, du temps de Louis XIV, en cuivre repoussé et argenté, représentant la Terre assise sur un lion, au centre d'une bordure formée d'ornements et mascarons. Long., 42 cent.; larg., 34 cent.

56. Ancienne théière en terre émaillée, avec une inscription en langue japonaise au-dessous. Haut., 13 cent.

57. Statuette en terre cuite par Pradier, représentant Jean-Jacques Rousseau assis. C'est l'esquisse de la statue que fit M. Pradier pour la ville de Genève. — Haut., 24 cent.

58. Un chapelet arabe, formé de quarante et un gros grains en ambre jaune et noir.

59. Une jolie tabatière en argent ciselé, du temps de Louis XIV. — Poids, 57 gram.

60. Boîte en émail, de la même époque, très-bien conservée. Forme carrée longue.

61. Boîte ovale en ancienne porcelaine de Saxe, richement ornée.

62. Un bas-relief en ivoire sculpté, de forme octogone, représentant la Sainte-Famille. — Haut., 10 cent.

63. Reliquaire espagnol en argent doré, enrichi d'émaux et pierreries. — Poids, 32 grammes.

64. Deux bagues en or, du temps de Louis XIII, garnies d'émeraudes et autres pierres fines.

65. Très-petite figure en ivoire sculpté et doré, représentant un enfant nu. — Haut., 5 cent., — Un étui en verni Martin, avec figures. — Long., 16 cent.

66. Une montre en argent, dite perpétuelle, marquant les minutes, les heures et les jours.

67. Quatre pieds de table et deux mascarons en bronze, du temps de Louis XIV, provenant d'un médailler.

68. Mascaron en stuc du XVe siècle, provenant de l'Alhambra. — Une tabatière en agate et trois mosaïques.

69. Une statuette en terre cuite, représentant un berger assis. — Haut., 32 cent.

70. Deux émaux de fabrique allemande, enchâssés dans des cadres en bois noir.

71. Grande plaque en porcelaine peinte, représentant Orphée et les animaux. C'est l'un des derniers travaux de la manufacture royale de Madrid, appelée la China, détruite par les Anglais en 1812. — Haut., 15 cent., larg., 29 cent.

72. Trois paires de boucles d'oreilles du temps de Louis XV, et quelques ornements en marcassites anciennes.

73. Une pomme de canne en porcelaine peinte, style Louis XIV, et une petite boussole de poche, en ivoire et argent.

74. Quelques bijoux anciens, en argent, pesant 219 grammes. — Un lot de turquoises fines et autres pierres.

75. Ancienne coquille d'épée en fer, repercée à jour, avec des mascarons et cavaliers (XVIe siècle). — Un aigle en bronze ciselé, du temps de l'Empire, trouvé aux environs de Cordoue.

76. Médaillon de Franklin, en terre cuite, par Nini. 1777. — Deux autres, dont le Titien par Saint-Amans.

---

(1) Henri II duc de Montmorenci, maréchal de France, né le 30 Avril 1595, décapité à Toulouse, le 30 Octobre 1632.

77. Deux figurines en ivoire sculpté, fracturées. — Haut., 10 centimètres.

78. Une cassolette en argent émaillé, un chapelet arabe en bois d'aloès, une tête de chien en ivoire et un flacon en agate.

79. Vingt-quatre petits émaux de fabrique espagnole, pour châtelaines.

80. Quatre petites peintures anciennes dont une sur argent.

81. Un tableau sur toile, de l'école française, représentant un paysage avec des ruines dominant un ravin. — Haut., 14 cent.; larg., 32. Sans cadre.

82. Autre tableau ancien, sur bois, de l'école flamande, représentant un paysage avec figures et animaux. — Haut., 31 cent ; larg., 22. Cadre doré.

83. Quatre autres peintures anciennes, sur cuivre, de l'école espagnole.

84. Une petite collection de 105 coquilles, provenant des Îles-Philippines et autres Colonies espagnoles, parmi lesquelles sont quelques raretés.

---

85. Croix ancienne, en or émaillé, d'un prieur de l'Ordre des Dominicains, membre du Tribunal de l'Inquisition. — Poids, 11 gr. 7 décig.

86. Croix d'Évêque, en or, de forme ancienne ; elle est émaillée d'un côté, et de l'autre, sept améthistes carrées forment la croix. — Poids, 14 gr. 5 décig.

87. Croix en or ciselé, de fabrique espagnole, ornée de dix-sept émeraudes fines. — Poids, 11 gram. 4 décig.

88. Grande croix en filigrane d'argent, de l'Ordre de Saint-Jacques de Compostelle. — Poids, 20 grammes.

89. Deux décorations russes ; l'une en argent, l'autre en cuivre émaillé.

90. Croix en or, de grand module, de l'Ordre de Saint-Louis, ancienne fabrication. — Poids, 16 gram. 5 décig.

91. Autre croix de Saint-Louis, de plus petit module, également en or. — Poids, 11 gram. 2 décig.

92. Grande croix d'or, de l'Ordre de Westphalie, fondé par le roi Jérôme Napoléon. — Poids, 11 gram. 5 décig. — Il est très-difficile de trouver aujourd'hui cette croix fabriquée de l'époque.

93. Croix de Chevalier de la Légion d'honneur, datant de la création de l'Ordre. Elle est sans couronne et de forme toute particulière.

94. Autre avec couronne, fabrication de 1809. — Autre de 1830.

95. Croix ancienne de l'Ordre de San-Fernando, or et argent. — Poids, 25 grammes.

96. Deux décorations espagnoles et plusieurs françaises et étrangères.

ANTIQUITÉS ÉGYPTIENNES.

97. Figurine en bois doré, représentant Isis allaitant Horus. — Haut., 13 cent.

98. Petit bas-relief en pierre calcaire, représentant le bœuf Apis. — Haut., 10 cent.; larg., 8 cent.

99. Figurine en terre émaillée avec une inscription hiéroglyphique. — Haut., 11 cent.

100. Douze amulettes et petits ornements en émail, tous variés.

101. Deux figurines en terre émaillée, variées de module, avec inscriptions hiéroglyphiques. — Haut., 11 et 14 cent.

102. Trois autres de style varié ainsi que de module. — Haut., 6, 7 et 8 cent.

103. Quatre autres, et plusieurs colliers égyptiens avec amulettes.

POTERIES ANTIQUES.

104. Petit vase en terre rouge, avec des ornements en saillie, d'un style rare. — Haut., 6 cent.

105. Deux coupes avec anses, l'une de très-petite dimension. — Haut., 3 et 5 cent.

106. Vase à deux anses ; de chaque côté est peinte une tête de femme entre deux palmettes. — Haut., 9 cent.

108. Deux coupes en terre rouge dont une patère ornée de feuilles en relief. — Diam., 9 et 10 cent.

109. Deux petits vases à une anse et à col surbaissé, en terre grise, de jolie forme. — Haut., 9 et 10 cent.

110. Vase à parfum avec son couvercle en terre blanche. — Diam., 14 cent. Rare

111. Vase à une anse, de forme surhaissée, avec goulot. — Haut., 16 cent.

112. Deux lampes en terre dont l'une est ornée d'un lion. — Diam., 8 et 12 cent.

113. Trois autres lampes en terre avec des sujets en relief. Trouvées à Mayorque.

114. Lampe chrétienne avec le chandelier à sept branches en relief. Trouvée à Santiponce.

115. Trois autres lampes hispano-romaines, de style très-barbare.

116. Une paire de vases à deux anses, col évidé, avec sujets et ornements peints en jaune sur terre noire vernie. — Haut., 18 et 19 cent.

117. Deux autres de même style avec une seule anse. — Haut., 21 et 22 cent.

118. Deux autres vases de forme variée. — Haut., 18 cent.

119. Deux coupes en terre noire à deux anses, forme variée. — Diam., 11 et 15 cent.

120. Vase à long col et à anse, avec dessins noirs sur fond jaune. — Haut., 21 cent.

121. Vase à deux anses, forme d'amphore, en terre blanche. — Haut., 28 cent.

122. Six lacrymatoires en verre et vingt vases et coupes de formes variées.

MÉDAILLES CISELÉES (1) DES XVe, XVIe ET XVIIe SIÈCLES.

123. *Sigismundus Pandulfus Malatesta.* Buste de Sigismond Malatesta. Rev. *Pontificii exercitus imp.* MCCCCXLVII. Une main tenant une palme. Æ. mod. 14. Exemplaire du temps. B. C.

124. *Carolus VIII rex Francorum.* Buste couronné de Charles VIII, tourné à gauche. Rev. *Provinciarum pacator.* Hercule domptant un lion. Très-rare exemplaire du temps Æ. mod. 25. T. B. C. Cette médaille a dû être gravée en Italie, vers 1495, après la conquête de Naples par les Français.

125. *Alexander VI pont. max. iust. pa. q. c.* Buste d'Alexandre Borgia, la tête nue, revêtu des habits pontificaux. Rev. *Mo. ad. val. for. prop. cor. q. c.* Vue des remparts du château Saint-Ange. Médaille du temps. Æ. mod. 24. T. B. C. Très-rare.

126. Médaillon ciselé du XVe siècle, représentant un cavalier nu, armé d'un long couteau et monté sur un cheval libre, terrassant un sanglier. Exemplaire du temps. Æ. mod. 41. B. C.

127. *Felice Ludovico regnante duodecimo cesare altero gaudet omnis nacio.* Buste couronné de Louis XII. Rev. *Lugdun. republica gaudete bis Anna regnante benigne sic fui conflata.* 1499. Buste couronné d'Anne de Bretagne. Très-grand médaillon du temps. Æ. mod. 51. B. C. Rare.

128. *Petrus Briconnet miles Franciæ generalis.* Buste de Pierre Briçonnet. Exergue : MCCCCCIII. Rev. *Ditat servat fides.* Deux enfants soutenant une corne d'abondance. Médaille du temps. Æ. mod. 27. B. C. Rare.

129. *Franciscus I Francorum rex. c.* Buste de face de François Ier. — Rev. Salamandre surmontée d'une couronne ; au-dessous, les initiales du graveur L. N. Exemplaire ancien. Æ. mod. 19. A. B. C.

130. *Petrus Victorius æt. suæ. an.* LXXX. Buste à gauche. Rev. *Concedat laurea linguae.* Mars et Minerve debout. Exergue : CIƆIƆIXXX (1529). Médaille du temps. Æ. mod. 47. B. C.

131. *Le jugement de Pâris.* Très-joli médaillon ciselé, du commencement du XVIe siècle, remarquable par la composition du sujet et le travail très-caractérisé de cette époque. Æ. mod. 60. Exemplaire du temps. B. C. Très-rare.

132. *Imp. caes. Carolo V christ. reip. instaurat. aug.* Buste de Charles-Quint, revêtu d'un manteau, coiffé d'un bonnet plat, et portant le collier de la Toison-d'Or. Rev. *Salus publica.* Hygiée debout, sacrifiant sur un autel. Æ. mod. 22. Très-bel exemplaire du temps.

133. *Margareta de Austria. d. p. et p. Germaniae inferioris gub.* Buste de Marguerite, fille naturelle de Charles-Quint. Exergue : *Aet.* 45. Rev. *Favente deo.* 1547. Femme debout et armée, sur un rocher battu des flots. Exemplaire du temps. Æ. mod. 26 B. C.

134. *Ioannes Austrias Caroli V fil. aet. su. ann.* XXIIII. Buste de don Juan d'Autriche. A l'exergue : *Io. V. Melon f.* 1571. Rev. *Classe tarcica ad.*

---

(1) C'est-à-dire fondues d'abord, puis ciselées ou retouchées au burin, comme la plus grande partie des médailles de cette époque.

naupactum deleta. Statue pédestre, sur une colonne rostrale. Exergue : *Die 7 octob. 1571*. Exemplaire du temps. Æ. mod. 18. A. B. C.

135. *P. Loysius F. Parm. et plac. dux. I.* Buste de Pierre Louis Farnèse, 1er duc de Parme. Rev. *Ad. civitat. ditionisq. tutel. munim. extructum.* Enceinte fortifiée. Exergue : *I. f. Parm. f.* Médaille du temps. Æ. mod. 17. B. C.

136. *Andreas Doria p. p.* Buste de l'amiral à droite. Rev. Galère avec ses rameurs. Æ. mod. 18. Exemplaire ancien. B. C.

137. *Alexand. Bassianus et Iohan Carineus patavini.* Bustes accolés des célèbres graveurs padouans Alexandre Bassiani et Jean Cavino. Rev. *Legiferae Cereri.* Cérès législatrice debout. Exemplaire ancien. Æ. mod. 16.

138. *P. Fran. Pallavicinus eps. aleriæ design.* Buste de François Pallavicini. Rev. Brebis gardées par un pasteur recevant une couronne, avec la légende : *Servabor.* Médaille du temps. Æ. mod. 28. A. B. C.

139. *Henricus II Galliarum rex invictiss. p. p.* Buste lauré d'Henri II. Rev. *Ob. res in Ital. Germ. et Gal. fortiter. ac. foelic. gestas.* Une Renommée conduisant dans un quadrige l'Abondance et la Victoire. Exergue : *Voto pub.* 1552. Exemplaire du temps. Æ. mod. 24. A. B. C.

140. *Efig. Hieronimi Scotti placent.* Buste de Jérôme Scotti, de face. Rev. *Et cumque.* Sujet symbolique. Médaille italienne du XVIe siècle. Æ. mod. 29. A. B. C.

141. *Anthonius d. g. Lothar. et Bar. dux.* Buste d'Antoine, duc de Lorraine, coiffé d'un chapeau à larges bords. Rev. *Renata de Borbota Lothar. et Bar. ducissa.* Buste de Renée de Bourbon-Montpensier. Æ. mod. 18. B. C.

142. *Hieronima sacrata.* M. D. L. V. Buste de femme, en riche costume de l'époque (1555). Exergue : P. Initiale du graveur. Æ. mod. 31. Exemplaire du temps. B. C.

143. *Carolus p. f. Hisp. princeps aet. an XII.* Buste, à gauche, de l'infant don Carlos, fils de Philippe II, revêtu d'une armure, et tenant un bâton de commandement. Exergue : *F. Pomp.* 1557. Rev. *In benigni tal em promptior.* Apollon debout, tenant les trois Grâces dans la main droite. Médaillon du temps, de la plus grande rareté. Æ. mod. 30.

144. *Pietro Strozo.* Buste à droite de Pierre Strozzi, revêtu d'une armure. Æ. mod. 32. Exemplaire du temps. Sans revers. A. B. C.

145. Médaillon ovale de François de Guise, duc de Lorraine. Buste très en relief (sans légende). Travail très-fin (surmoulé). Æ. mod. 47. T. B. C.

146. *Ferdinandus Austriæ infans Hispa.* Buste très en relief de Ferdinand d'Autriche, frère de Charles-Quint, revêtu d'une armure et portant le collier de la Toison-d'Or. Très-grand médaillon repoussé, forme ovale. Æ. mod. 72. (Exemplaire du temps). B. C.

147. *Guilielm. dux iuliae clivias mont. z. c.* Buste de Guillaume en costume militaire. Exergue : 1566. Travail très-fin. Æ. mod. 29. Exemplaire du temps. T. B. C.

148. *Henricus 3 d. g. Fran. et Pol. rex.* 1575. Buste d'Henri III en riche costume. Grand médaillon d'un beau travail. Æ. mod. 72. Exemplaire ancien. T. B. C.

149. *Iehan marquis Despinai conte de Durestal.* Buste du marquis d'Espinai, en riche costume, revêtu d'une armure. Rev. *Sic. ioneli sumus amore.* Lion couché au pied d'un arbre autour duquel rampe une vigne. Exergue : *Hos duos conservo.* 1578. *Anteo. f.* Très-bel exemplaire du temps. Æ. mod. 20. T. B. C. Rare.

150. Joli médaillon de la même époque, représentant un buste du Christ, avec revers. Æ. mod. 20. B. C.

151. Médaillon ciselé du XVIe siècle, représentant Diane au bain. (Forme ovale.) Æ. mod. 51. Exemplaire ancien. B. C.

152. *Octavius p. Parm. et Plac. dux II.* Buste d'Octave Farnèse. Rev. *Cum diis non conten dendum.* Apollon debout, près d'un captif. Æ. mod. 14. Exemplaire ancien. T. B. C.

153. *Alexander Farnes. par. pla. dux. belg. dum. gub.* Buste d'Alexandre Farnèse. Exergue : *Aet.* 49. Rev. *Concipe certas spes.* 1587. Sujet allégorique. Exergue : ΣΑΤΥΡΟΣ. Médaille du temps. Æ. mod. 20. T. B. C.

154. *Dominic. Fontana. civ. ro. com. palat. et eq. aur.* Buste de Dominique Fontana. Rev. *Ex. ner. cir. transtulit. et. erexit. iussu Xysti Quint. pont. opt. max.* 1586. Obélisque. Médaille du temps. Æ. mod. 16. B. C.

155. *Wilhelm Tell. con ure. Stouffacher vo Schwytz erni vo. Underwald.*

anfang. Deus punts, im tar Christi. 1296. Les trois Suisses faisant le serment de délivrer leur pays. Rev. Écussons des 13 cantons suisses, entourés de sept autres aux armes des alliés de la Confédération. Médaille ciselée, en argent, vers 1582. mod. 19. B. C. Rare.

156. *Henricus IIII d. g. Francor. et Navar. rex.* Buste lauré d'Henri IV. Exergue : *Con. Bloc. f.* Rev. *Duo protegit unus.* 1598. Épée nue sur deux sceptres en sautoir, surmontés des armes de France et de Navarre. Exemplaire du temps. Æ. mod. 19. A. B. C.

157. *Henric. IIII r. chris. Maria Augusta.* Bustes accolés d'Henri IV et de Marie de Médicis. Très-grand médaillon du temps. Diam. : 18 cent. (Rare.)

157. *Io. Luillier reg. a. secr. cons. rat. praes. urb. praef.* 1594. Buste de Jean Luillier. Rev. Entrée d'Henri IV à Paris. — Légende : *Omnia tuta vides.* Le prévôt Jean Luillier, à genoux, présentant une branche d'olivier à Henri IV qui est à cheval devant lui. Exergue: MDXCIIII. Médaille du temps. Æ. mod. 27. T. B. C. Rare.

159. *L. A. Lavaleta. d. Espern. p. et tot. Gal. pedit. praef.* Buste du duc d'Epernon. Exergue : *G. Dupré. f.* 1607. Rev. *Intactus utrinque.* Sujet allégorique. Exemplaire ancien. Æ. mod. 24.

160. *Maria Aug. Galliae et Navarae regina.* Buste de Marie de Médicis, en riche costume. Exergue : *G. Dupré* 1613. Rev. *Servando dea facta deos.* Personnification de la reine, conduisant une galère mythologique. Médaille du temps. Æ. mod. 28. T. B. C.

161. Même buste. Rev. *Laeta deum partu.* La reine Marie de Médicis, entourée des Dieux de l'Olympe. Æ. mod. 24. Méd. du temps. M. B. C.

162. *Christiana princ. Loth. mag. dux Hetrur.* Buste de Christine de Lorraine. Exergue : 1611. (Sans revers.) Æ. mod. 43. Exemplaire du temps. T. B. C.

163. *D. princeps Franciscus Medices.* Buste de François, père de Marie de Médicis. Exergue : *G. D. f.* 1613. (Sans revers.) Æ. mod. 44. Exemplaire ancien. B. C.

164. *Marcus Antonius Memmo dux Venetiarum.* Buste du doge Marc-Antoine Memmo, revêtu du manteau ducal et coiffé du corno. Exergue : *G. Dupré. f.* 1612. Étain, mod. 44. (Exemplaire ancien.) B. C.

165. *Franciscus 4. Bona. Desdiguerius. an. aet. 58.* Buste de François Desdiguières, revêtu d'une armure. Rev. Deux mains jointes. Exemplaire du temps. Æ. mod. 25. A. B. C.

166. *Cosmus II magn. dux Etruriæ IIII.* Buste de Cosme II de Médicis, en costume militaire. Æ. mod. 40. (Surmoulé.) A.B.C.

167. *Ludovic. XIII. d. g. Francor. et Navarae rex.* Buste de Louis XIII. Rev. *Anna Augus. Galliae et Navarae regina.* Buste d'Anne d'Autriche, en riche costume (très en relief.) Exergue : *G. Dupré. f.* 1620. Très-bel exemplaire du temps. Æ. mod. 27.

168. *Rogerius dux de Bellegarde par Franciae.* CIƆIƆCXX. Buste du duc de Bellegarde. Rev. *Non si fractus il labatur orbis.* 1620. Femme armée debout. Exergue : *Constantia.* Médaille du temps. Æ. mod. 18. B. C. Rare.

169. *Guillelmus du Vair Franciae procancellarius.* Buste de Guillaume du Vair. A l'exergue : *C. Fremy.* 1621. Très-bel exemplaire du temps. Æ. mod. 22. Rare.

170. *Nico. de Bailleul propraet. urb. et praef. aedil. curante.* 1623. Buste de Nicolas de Bailleul. Rev. *Æternos praebet. Lutetia fontes.* Nymphe de la Seine couchée. Jolie médaille du temps. Æ. mod. 23. B. C. Très-rare.

171. Médaillon ciselé, du commencement du XVIIe siècle, représentant la Nativité. Groupe de personnages, entourant l'enfant Jésus qui est dans la crèche. (Forme ovale.) Æ. mod. 60. Exemplaire du temps, très en relief. B. C.

172. *Claud. Expilli rom. consist. s. d. praes.* Buste de Claude Expilli. A l'exergue : *Olier.* Rev. *Nec genere cessabit.* 1630. Sujet allégorique. Æ. mod. 21. Exemplaire ancien.

173. *Armanus Ioan. card. de Richelieu.* Buste du Cardinal. Rev. *Mens sidera volvit.* 1631. Globe terrestre. (Méd. restituée.) Æ. mod. 23. T. B. C.

174. *Aloisius princeps dux Montis alti et Alcala regni Siciliae pro. re.* Buste à droite, revêtu d'une armure. Exergue : H. M. Pirix. Rev. *In omnia ego.* 1628. La Justice assise. Æ. mod. 27. Exemplaire du temps. T. B. C.

175. Médaillon ciselé, du temps de Louis XIII, représentant la sainte Famille, formée d'un groupe de cinq personnages. Ce joli médaillon, de forme

ovale, est enchâssé dans un cadre ciselé du même style, formé par quatre Chérubins aux ailes déployées, dont celui d'en bas porte suspendue au cou une petite croix de Malte. Æ. mod. 112. (haut. 25 cent. larg. 18) T. B. C.) Ce morceau capital, qui paraît avoir servi de support à un bénitier en matière précieuse, est d'une grande finesse d'exécution et du plus beau faire de l'époque.

176. *Philippus Pirovanus, s. rotae Romanae decanus.* Buste de Pirovani. Exergue : *Opus Cormari.* 1641. Médaille du temps. Æ. mod. 40. B. C.

177. *Anna. d. g. Fr. et Nav. reg. re. r. mater. Lud. XIV. D. g. Fr. et Nav. reg. chr.* Bustes en regard d'Anne d'Autriche et Louis XIV enfant. Æ. mod. 42. Exemplaire du temps. T. B. C.

178. *Ludovicus XIV r. christi. Anna Austriaca August.* Mêmes bustes accolés. Exergue : *Ab. Dupré. f.* 1643. Rev. *Haec solem praevia ducit.* Le Soleil dans un quadrige. Æ. mod. 22. Exemplaire du temps. T. B. C.

179. *Lud. XIIII. d. g. Fr. et Nav. rex.* Buste lauré de Louis XIV. Rev. *Huissier ordinaire du roy et de son grand conseil.* Ecu de France, couronné, entre deux sceptres et deux mains de justice, maintenus par un ruban sur lequel on lit : *Unico universus.* Médaille dorée, exemplaire du temps, avec bélière. mod. 22. B. C. Rare.

180. Deux autres médailles de Louis XIV, représenté à des âges différents. Æ. mod. 38 et 39. Exemplaire du temps. B. C.

181. *Honoratus II d. g. princeps Monaeci.* Buste à droite d'Honoré II. Rev. *Dux valent. par Franciæ com. carla.* 1645. Armes de la principauté de Monaco. Æ. mod. 24. Exemplaire du temps. B. C.

182. *Philip. Visconti med. gen. ord. ere. s. aug. hie. in. puppi. solitus.* Buste de face de Philippe Visconti, en costume de religieux. A l'exergue : *Warin.* Exemplaire du temps. Æ. mod. 48. T. B. C.

183. *Gasp. Monea. ltergue. Lugd. iur. crim. praef.* Buste à droite. A l'exergue : *Varin.* Méd. sans revers. Æ. mod. 45. B. C.

184. *Nic. de Neufville, march. vill. Gall. maresc. reg. pers. et Lugd. moder.* Buste à droite. Exergue : *Warin.* 1651. Exemplaire ancien. Æ. mod. 46.

185. *Carolus de Laubespine cust. sigilli Galliae, marc. de Chasteauneuf.* 1653. Buste de Charles de Laubespine. Rev. *Hoc monimentum dabit nomen aeternum.* Sujet allégorique. Æ. mod. 42. Exemplaire ancien. A. B. C.

186. *Christina regina.* Buste lauré de Christine de Suède, en costume antique. Rev. *Confidenter et solus.* Lion couché. Médaille du temps. Æ. mod. 28. B. C.

187. *Paul Iord. II. d. g. ang. e. b. dux sri. p.* Buste à droite. Rev. *Reluctante fortuna,* etc. Exemplaire ancien. Æ. mod. 11. T. B. C.

188. *Carolus Marattus.* Buste du peintre Charles Maratto. Exergue : *F. Chéron.* Rev. *Ars geniusque simul.* Deux Génies debout. Æ. mod. 31. B. C.

189. *Lud. dux. Borb. princeps Condaeus.* Buste du grand Condé, la tête nue. Exergue : *F. Chéron.* Médaille du temps, sans revers. Æ. mod. 36. B. C.

190. *Eleonorae Austriacae et Carolo Lotharingico.* Bustes accolés et de face de Charles V de Lorraine et d'Eléonore d'Autriche, sa femme, veuve de Michel roi de Pologne. Rev. *Fluit ex astris omnis felicitas.* Deux cœurs enflammés, sur un autel, entre deux écussons surmontés d'une figure de l'Eternité. Æ. mod. 34. Très-rare. Exemplaire du temps. B. C.

191. *Eques Ioa. Laurent. Berninus etatis sue. anno.* 76. Buste du chevalier Bernin. Exergue : *F. Chéron.* 1674. Rev. Sujet allégorique. Æ. mod. 32. B. C.

192. *Ioannes d. g. Poloniæ rex.* Buste de face de Jean Sobieski, revêtu d'une armure. Joli médaillon du temps, par Chéron. Æ. mod. 26. B. C. Rare.

193. *Ludov. card. Portocarrero prot. Hisp. arch. Tolet. Hisp. primas,* etc. Buste du Cardinal. Exergue : *Io. Hameranus f. a.* 1678. Rev. *Hac duce cuncta placent* écrit sur une colonne. Æ. mod. 24. Exemplaire du temps. T. B. C.

194. Deux bas-reliefs en bronze, du temps de Louis XIV, représentant l'un le passage du Rhin, l'autre la prise d'une ville de Flandres, d'après Van der Meulen. Epreuves anciennes. Haut. 12 cent., larg. 17.

195. *Renatus Rapinus.* Buste de René Rapin, en costume de jésuite. Exergue : *S. Curé. f.* Rev. *Fœcundat et ornat.* Jet d'eau au milieu d'un jardin. Exergue : MDCCXVIII. Exemplaire du temps. Æ. mod. 23. B. C. Rare.

196. *Lud. Adel. Aur. Colar. abbat. phil. regent. fil.* Buste de Louise d'Orléans, abbesse de Chelles, fille du régent. Rev. Croix et crosse abbatiales, attachées à une couronne de fleurs, au milieu de laquelle on lit : *Post susceptam singulari in Deum pietate vitam asceticam hujusce regalis abbatias*

aedibus amplificandis primum lapidem posuit anno MDCCXX. Jolie médaille du temps, par Le Blanc. Æ. mod. 19. B. C. Très-rare.

197. Dito, de Laura Mae. Cath. Bassi. MDCCXXXII. Buste lauré, très en relief. Exemplaire du temps. Æ. mod. 31. B. C.

198. Dito, du Cardinal Rospigliosi, par Travani. Æ. mod. 26. T. B. C.

199. Dito, du comte de Marsili, comme membre et protecteur de l'Académie des Sciences de Bologne, en 1731. (Gravée par Saint-Urbain.) Æ. mod. 26. T. B. C.

200. *Ios. Curillo de Alborno dux de Montemar.* an. 1735. Buste du duc de Montemar. Rev. *recuperatis.* Victoire debout sur un monceau d'armes. Æ. mod. 41. Exemp. du temps. B. C.

201. Une jolie médaille de l'Académie de Pesaro, en 1784. Æ. mod. 21. T. B. C.

202. *B. Franklin*, *américain.* Buste à gauche. Exergue : *Nini f.* 1777. — Beau médaillon en terre cuite, du temps. mod. 53. B. C.

203. Une très-belle médaille de Rubens, buste de face, frappée pour l'inauguration de sa statue à Anvers. Æ. mod. 30. T. B. C.

204. Autre en bronze doré, pour l'inauguration du chemin de fer de Verviers à Aix-la-Chapelle. Æ. mod. 33. T. B. C.

205. Deux essais des médailles de Napoléon et Joséphine, par Andrieu. — Épreuves d'artiste, en étain. mod. 31. T. B. C. (Contenues dans un écrin aux armes de la ville de Paris.)

206. Collection complète des 72 grandes médailles des rois de France, depuis Pharamond jusqu'à Louis-Philippe Iᵉʳ. — Bronze. mod. 23. T. B. C. Cette collection ne se frappant plus à l'hôtel des monnaies, est devenue beaucoup plus rare.

207. On vendra sous ce numéro plusieurs lots de médailles anciennes.

MONNAIES IMPÉRIALES ROMAINES EN OR, ARGENT ET BRONZE.

208. Cn. Pompeius Magnus. — *Mag. pius imp. iter.* Tête nue de Pompée entre un lituus et un præfericulum. Rev. *Praef. clas. et orae marit. ex s. c.* Neptune debout entre Anapias et Amphinomus. AR. B.C.

209. C. Julius Caesar. — Tête laurée de Jules César entre une branche de laurier et un caducée ailé. Rev. *L. Livineius Regulus.* Taureau bondissant. AR. B.C.

210. Juba I. — *Rex Iuba.* Tête barbue de Juba portant un sceptre. Rev. Inscription punique. Temple octostyle. AR. B.C.

211. Cn. Pompeius Filius — *M. poblici. leg. pr.* Tête casquée. Rev. *Cn. magnus imp.* Pompée debout sur une proue de navire, présentant une palme à l'Espagne. AR. B.C.

212. Sextus Pompeius. — *Mag. pius imp. iter.* Tête de Neptune. Rev. *Praef clas. orae marit. ex. s. c.* Trophée naval. AR. T B C.

213. M Junius Brutus. — *Libertas.* Tête de la Liberté. Rev. Brutus entre deux licteurs, précédé d'un messager; à l'exergue, *Brutus.*—Denier d'argent.

214. Caius Cassius. — *C. Cassi. imp. Leibertas.* Tête de la Liberté. Rev. *Lentulus spint.* Lituus et proefericulum. AR. B.C.

215. M. Æmilius Lepidus. — *Lepidus pont. max. III. v. r. p. c.* Tête nue de Lépide. Rev. *C. Caesar imp. III. vir. r. p. c.* Tête nue d'Octave. AR. B. C.

216. Deux autres semblables, de moins bonne conservation.

217. Marcus Antonius — *M. Antoni. imp.* Tête nue de Marc-Antoine. Rev. *III. vir. r. p. c.* Tête du Soleil dans un temple. AR. B.C.

218. Même tête; derrière, le lituus. Rev. *M. Antonius III. vir.* Tête du Soleil à droite. AR. B.C.

219. *Anton. Aug. imp. III. cos. iter. III. vir.* Même têe. Rev. *M. Silanus Aug. q. pro. cos.* dans le champ. AR. A. B. C.

220. Augustus. — *Augustus divi f.* Tête nue d'Auguste. Rev. *Imp. X. act.* Apollon Musagète debout, tenant une lyre et le plectrum. Denier d'or. B. C.

221. Tête laurée d'Auguste. Rev. *Imp. Caesar.* Statue d'Auguste surmontant une colonne rostrale ornée d'ancres. Denier d'argent à fleur de coin.

222. Tête nue d'Auguste. Rev. *Imp. Caesar* écrit sur la frise d'un arc de triomphe surmonté de la statue de l'empereur dans un quadrige. AR. Admirable conservation. Rare.

223. Même tête. Rev. *Caesar divi f.* Apollon assis sur un rocher et jouant de la lyre. AR. T. B. C.

224. Même tête. Rev. *Imp. Caesar* écrit sur le fronton d'un temple orné de statues et surmonté d'une Victoire. AR. T. B. C. Rare.

225. Même tête. Rev. *Imp. Caesar divi f.* Bouclier rond et pointillé. AR. T. B. C.

226. Tête jeune et laurée d'Octave. Rev. *Imp. Caesar.* Colon armé d'un fouet, conduisant deux bœufs. AR. T. B. C.

227. *Imp. Caesar.* L'empereur dans un quadrige triomphal, orné de bas-reliefs; il tient une branche d'olivier dans la main droite. Rev. Victoire debout sur une proue de navire. AR. T. B. C. Très-rare.

228. *Augustus divi f.* Tête laurée d'Auguste. Rev. *Imp. XII. act.* Apollon Musagète, debout, de profil, tenant la lyre et le plectrum. AR. T. B. C. Rare.

229. *Caesari Augusto.* Même tête. Rev. *s. p. q. r.* Char triomphal, orné d'aigles romaines, dans un temple tétrastyle. AR. T. B. C.

230. Tête diadémée de Vénus. Rev. *Caesar divi f.* L'empereur debout, armé de la haste, étendant la main droite. AR. T. B. C.

231. Buste ailé de la Victoire. Rev. *Caesar divi f.* Neptune debout, armé du trident et d'un acrostilium, le pied droit posé sur un globe. AR. T. B. C. Rare (1).

232. Deux petits bronzes d'Auguste, ayant au revers, l'un un taureau l'autre un aigle éployé.

233. LIVIA AUGUSTI. — Un grand bronze de Romula (Séville). Æ. mod. 15. A. B. C. Rare.

234. MARCUS AGRIPPA. — Deux moyens bronzes, type ordinaire. B. C.

235. CAIUS ET LUCIUS. — *C. L. Caesares Augusti f. cos desig. princ. iuvent.* Les deux princes debout, près d'un bouclier. Rev. *Caesar Augustus divi f. pater patriæ.* Tête laurée d'Auguste. Denier d'or.

236. Trois deniers d'argent, au même type. B. C.

237. TIBERIUS. — *Ti. Caesar divi Aug. f. Augustus.* Tête laurée de Tibère. Rev. *Pontif. maxim.* Femme assise tenant un rameau. Denier d'or. T. B. C.

238. Deux d'argent, de coin varié. AR. T. B. C.

239. Même tête. Rev. *Imp. VII. tr. pot. XVII.* Tibère dans un quadrige. AR. B. C.

240. DRUSUS JUNIOR. — Moyen bronze restitué par Titus, type ordinaire.

241. DRUSUS SENIOR. — *Nero Claudius Drusus germanicus imp.* Tête laurée de Drusus l'Ancien. Rev. Arc de triomphe surmonté d'une statue équestre; on lit sur le fronton : *de Germ.* Denier d'argent. B. C. Rare.

242. Même légende avec S. C. Arc de triomphe. Rev. *Ti. Claudius Caesar Aug. p. m. tr. p. imp. p. p.* Tête laurée de Claude. GB. B. C.

243. ANTONIA. — Deux moyens bronzes, type ordinaire. A. B. C.

244. GERMANICUS. — *Germanicus caes. p. c. Caes. Aug. Germ.* Tête nue de Germanicus. Rev. *C. Caesar Aug. Germ. p. m. tr. pot.* Tête laurée de Caligula. AR. B. C. Rare.

245. Un moyen bronze de Germanicus, restitué par Caligula. T. B. C.

246. AGRIPPINA SENIOR. — *Agrippina mat. C. Caes. Aug. Germ.* Tête d'Agrippine mère. Rev. *C. Caesar Aug. Germ. p. m. tr. pot.* Tête nue de Caligula. AR. T. B. C. Rare.

247. *Nero et Drusus Caesares.* Têtes en regard. Moyen bronze de Carthago Nova. B. C.

248. CALIGULA. — *C. Caesar Aug. Germ. p. m. tr. pot. cos.* Tête nue de Caligula. Rev. Tête radiée d'Auguste entre deux étoiles. AR. T. B. C. Rare.

249. *C. Caesar Aug. Germ. p. m. tr. pot.* Tête laurée de Caligula. Rev. *Divus Aug. pater patriae.* Tête radiée d'Auguste. AR. B. C.

249 bis. Deux moyens bronzes de Caligula, type ordinaire.

250. CLAUDIUS. — *Ti. Claud. Caesar Aug. p. m. tr. p.* Tête laurée de Claude. Rev. *Praetor. recept.* L'empereur tendant la main à un prétorien qui porte sur l'épaule gauche une enseigne militaire. Rare et très-beau denier d'argent trouvé à Andújar en 1852.

251. *Ti. Claudius Caesar Aug. p. m. tr. p. imp. p. p.* Tête laurée de Claude.

---

(1) Toutes les monnaies d'Auguste ci-dessus décrites sont de très-belle conservation ; elles ont été trouvées aux environs de Badajoz et Mérida et choisies parmi un très-grand nombre.

Rev. *Ex. s. c. p. p. ob cives servatos* dans une couronne civique. Ce grand bronze, de la plus belle conservation, a été trouvé à Saragosse en avril 1851.

252. Deux moyens bronzes de Claude, revers variés. — Un petit bronze. A. B. C.

253. AGRIPPINA JUNIOR. — *Agrippinae Augustae.* Tête diadémée d'Agrippine jeune. Rev. *Ti. Claud. Caesar Aug. Germ. p. m. trib. pot. p. p.* Tête laurée de Claude. Denier d'or. T. B. C. Rare (1).

254. Même type en argent, de la plus belle conservation.

255. *Nero Claud. divi f. Caes. Aug. Germ. imp. tr. p. cos.* Têtes accolées d'Agrippine et de Néron. Rev. *Agripp. Aug. divi. Claud. Neronis Caes. mater. ex. s. c.* Agrippine et son fils Néron, dans un char traîné par quatre éléphants. AR. B. C. Rare.

256. NERO. — *Neroni Claudio Druso Germ. cos. desig.* Buste très-jeune de Néron avec le paludamentum. Rev. *Equester ordo principi juvent.* écrit sur un bouclier rond. Denier d'or. T. B. C. Rare. Trouvé à Malaga.

257. *Nero Caesar Aug. imp.* Tête imberbe de Néron. Rev. *Pontif. max. tr. p. VII. cos. IIII. p. p. ex. s. c.* Figure militaire debout, tenant des fleurs dans la main droite. Denier d'or. T. B. C.

258. *Nero Caesar.* Tête laurée de Néron. Rev. *Augustus Germanicus.* L'empereur debout, la tête radiée, vêtu de la toge, tenant une Victoire d'une main et de l'autre une palme. Denier d'or. B. C.

259. Même tête. Rev. Temple de Janus. GB. B. C. — *Cer. quinq. Romae con. s. c.* Table des jeux quinquennaux PB. B. C. — Deux moyens bronzes variés.

260. INTERREGNE. — *Libertas restituta.* Tête de la Liberté. Rev. *s. p. q. r.* écrit sur un bouclier entouré d'une couronne de chêne. AR. A. B. C.

261. GALBA. — *Galba imp.* Tête laurée de Galba. Rev. *Virtus.* La Vertu debout. AR. B. C. — Deux autres deniers variés.

262. OTHO. — *Imp. Otho Caesar Aug. tr. p.* Tête nue d'Othon. Rev. *Pax orbis terrarum.* Femme debout, tenant un caducée. AR. B. C. Rare.

263. VITELLIUS. — *A. Vitellius Germ. imp. Aug. tr. p.* Tête laurée de Vitellius. Rev. *XV. vir. sacr. fac.* Dauphin sur un trépied. AR. B. C. — Autre avec *Victoria Augusti.* AR. A. B. C.

264. Trois moyens bronzes variés : *Fides militum.* — *Victoria Augusti.* — *Libertas restituta.*

265. VESPASIANUS. — *Imp. Caes. Vespas. Aug. p. m. tr. p. IIII. p. p. cos. IIII.* Tête laurée de Vespasien. Rev. *Paci Augusti.* Némésis debout. Denier d'or.

266. Même tête. Rev. *Ex. s. c.* Colonne votive, surmontée d'une urne, entre deux oliviers. AR. T. B. C.

267. Trois autres pièces choisies : un denier, un gr. bronze et un moyen bronze. B. C.

268. TITUS. — *T. Caesar Vespasianus.* Tête laurée de Titus. Rev. *Annona Aug.* L'Abondance annuelle assise. Denier d'or. B. C.

269. Même tête. Rev. *Cos. V.* Bœuf debout. — *Tr. p. IX. cos. VIII. p. p.* Ancre et dauphin. AR. Deux pièces.

270. DOMITIANUS. — *Caesar Aug. f. Domitianus cos VI.* Tête laurée de Domitien. Rev. *Princeps iuventutis.* Hygiée, appuyée sur un fût de colonne. Denier d'or. B. C.

271. Même tête. Rev. L'empereur à cheval, galopant à gauche. Denier d'or.

272. Un grand bronze. Rev. *Iovi Victori.* Jupiter assis. Belle conservation.

273. Deux deniers d'argent et deux moyens bronzes variés.

274. NERVA. — Un denier d'argent et deux moyens bronzes variés.

275. TRAIANUS. — *Imp. Caes. Ner. Traian. optim. Aug. Germ. Dac.* Buste lauré de Trajan, revêtu du paludamentum. Rev. *Parthico. p. m. tr. p. cos. VI. p. p. s. p. q. r.* Tête radiée du Soleil. Denier d'or à fleur de coin. Trouvé à Lérida.

276. Même tête. Rev. *S. p. q. r. optimo principi.* L'empereur à cheval, terrassant un ennemi. Denier d'or. A. B. C.

277. Même tête. Rev. *P. m. tr. p. cos. IIII. p. p.* Trajan debout, couronné par la Victoire. Denier d'or. M. B. C.

---

(1) Cette monnaie et les deux suivantes ont été trouvées aux environs de Séville en 1832.

278. Même type, avec la légende : *S. p. q. r. optimo principi*. Grand bronze. B.C. — Trois deniers d'argent, revers variés. B.C.

279. HADRIANUS. — *Hadrianus Augustus*. Tête nue. Rev. *Cos. III. p. p.* L'empereur debout, entre trois enseignes militaires. Denier d'or. B.C.

280. *Hadrianus Aug. cos. III. p. p.* Tête nue d'Hadrien. Rev. *Adventui Aug. Iudaeae. s. c.* La Judée personnifiée, faisant des libations en actions de grâces pour l'arrivée de l'empereur, qui est debout devant elle; à ses côtés, deux jeunes enfants tenant des palmes. Grand bronze de la plus belle conservation, trouvé à Santiponce, sur les ruines d'Italica, en 1852 (1).

281. Même tête laurée. Rev. *Cos. III. s. c.* Rome assise sur des armes. G.B. T.B.C.

282. Buste cuirassé d'Hadrien, la tête laurée. Rev. *Dac. Parthico. p. m. tr. cos. p. p.* Deux personnages debout, portant un globe. GB. B.C. Travail très-fin. Trouvé à Manzanarès (Mancha).

283. Deux autres grands bronzes variés, dont l'un avec *Restitutori Hispaniae* au revers. A.B.C. — Trois deniers d'argent, revers variés. B.C.

284. SABINA. — Un denier d'argent et un moyen bronze, coiffure variée. B.C.

285. AELIUS CAESAR. — *L. Aelius Caesar*. Tête nue. Rev. *Tr. pot. cos. II.* Femme debout, sacrifiant. AR. B.C.

286. *Tr. pot. cos. II. s. c.* L'Espérance passant. MB. B.C. — Autre moyen bronze, avec *Pannonia*.

287. ANTONINUS. — *Antoninus Aug. Pius p. p.* Tête nue d'Antonin le Pieux. Rev. *Tr. pot. cos. IIII.* Rome assise près d'un bouclier, tenant une petite figure de la Victoire dans la main droite. Denier d'or à fleur de coin.

288. *Tr. pot. XV. cos. IIII.* Femme debout; à l'exergue, *Tranq.* Denier d'argent. T. B.C.

289. *Italia. tr. pot. cos. III. s. c.* L'Italie personnifiée, assise sur un globe. Grand bronze. B.C.

290. *Opi Aug. s. c.* Femme assise, tenant un sceptre. GB. B.C. Rare.

291. Deux autres : *Imperator II.* Cérès debout. — *Libertas cos. IIII.* La Liberté debout. GB. A.B.C.

292. FAUSTINA SENIOR. — *Diva Faustina.* Buste de Faustine mère. Rev. *Augusta.* L'impératrice debout, portant un sceptre et tenant une torche dans la main droite. Denier d'or à fleur de coin. Trouvé à Cordoue.

293. Deux deniers d'argent, revers variés, et un grand bronze. A.B.C.

294. MARCUS AURELIUS. — *Aurelius Caes. Anton. Aug. pius.* Tête nue de Marc-Aurèle. Rev. *Tr. pot. XI. cos. II.* Apollon debout en habit de femme. Denier d'or. Très-belle conservation.

295. Deux deniers d'argent, dont un avec la tête d'Antonin au revers. B.C.

296. FAUSTINA JUNIOR. — *Faustina Augusta.* Buste de Faustine jeune. Rev. *Hilaritas.* Femme debout tenant une longue palme. Denier d'or. T.B.C.

297. Un denier d'argent. T. B.C. — Deux grands et un moyen bronze, revers variés. M. B.C.

298. LUCIUS VERUS. — *Imp. Caes. L. Aurel. Verus Aug.* Buste de Lucius Vérus portant l'égide. Rev. *Concordiae Augustor. tr. p. cos. II.* Marc-Aurèle et Vérus se donnant la main. Denier d'or. B.C. Rare.

299. *Felic. Aug. tr. p. III. cos. II.* Galère avec ses rameurs. MB. M.B.C.

300. LUCILLA. — *Lucillae Aug. Antonini Aug. f.* Buste de Lucille. Rev. *Pietas.* La Piété debout, sacrifiant sur un autel. Denier d'or de belle conservation, trouvé à Ségovie en 1851. Rare.

301. Un denier d'argent et un moyen bronze. A. B.C.

302. COMMODUS. — Deux deniers d'argent, dont l'un avec la tête recouverte de la peau du lion.

303. CRISPINA. — *Crispina Augusta.* Buste de Crispine. Rev. *Concordia.* Deux mains jointes. AR. B.C. — Un grand et un moyen bronze variés.

304. ALBINUS. — *D. Cl. Sept. Albin. Caes.* Tête nue d'Albin. Rev. *Saec. frugif. cos. II.* Neptune debout. AR. B.C. Rare.

305. S. SEVERUS. — Un denier d'argent. Rev. *P. m. tr. p. XIII. cos. III. p. p.*

306. JULIA DOMNA. — *Iulia Domna Aug.* Buste de Julie. Rev. *Venus victrix.* La Déesse debout. AR. T. B.C. — Autre, avec *matri deum.*

---

(1) J'ai recueilli un assez bon nombre de grands bronzes de cette conservation, qui seront minutieusement décrits dans mon prochain catalogue.

307. CARACALLA. — Un grand bronze et un denier d'argent. B. C.

308. PLAUTILLA. — Un denier d'argent. Rev. *Concordia augg.* B. C.

309. GETA. — Deux deniers d'argent, têtes et revers variés.

310. MACRINUS. — *Im. C. M. Opel. Sev. Macrinus aug.* Buste lauré de Macrin. Rev. *Salus publica.* Hygiee assise, donnant à manger à un serpent. AR. T. B. C.

311. DIADUMENIANUS. — *M. Opel. Ant. Diadumenian. caes.* Buste de Diadumenien. Rev. *Fides militum.* Femme debout, tenant deux enseignes militaires. AR. B. C. Rare.

312. ELAGABALUS. — Deux deniers d'argent. Rev. variés. B. C.

313. MAXIMUS — Un beau grand bronze. Rev. *Principi iuventutis.* T. B. C.

314. BALBINUS. — Buste lauré. Rev. *Victoria augg. s. c.* Victoire debout. GB. B. C. Rare.

315. PUPIENUS — Tête radiée de Pupien. Rev. *Amor mutuus augg.* Deux mains jointes. AR. B. C.

316. Même tête laurée. Rev. *Victoria augg.* Victoire debout. GB. M. B. C.

317. AQUILIA SEVERA. — *Iulia Aquilia Severa Aug.* Buste à droite. Rev. *Concordia.* Femme debout. AR. B. C. Rare.

318. JULIA MAESA. — Un grand bronze. Rev. *Pudicitia.* — Un denier. Rev. *Saeculi felicitas.* (Bonne conservation.)

319. SEVERUS ALEXANDER. — Deux deniers variés. T. B. C. — Un grand bronze. Rev. L'empereur dans un quadrige. B. C. — Deux autres variés. B. C.

320. JULIA MAMAEA. — Un grand bronze. Rev. *Felicitas publica.* (Flan large et épais.) T. B. C. — Un denier et un moyen bronze.

321. MAXIMINUS I. — Un denier et deux beaux grands bronzes variés. T. B. C.

322. GORDIANUS PIUS. — Cinq deniers et trois grands bronzes, tous variés. T. B. C.

323. PHILIPPUS PATER. — Trois deniers et un grand bronze. Rev. variés. T. B. C.

324. OTACILIA SEVERA. — Deux deniers variés et un moyen bronze. M. B. C.

325. PHILIPPUS JUNIOR. — Un grand bronze. Rev. Les deux empereurs assis. T. B. C. — Un denier. B. C.

326. TR. DECIUS. — Deux deniers variés, un grand bronze et un petit bronze. B. C.

327. ETRUSCILLA. — Un beau grand bronze, patine verte, et un denier d'argent. T. B. C.

328. ETRUSCUS. — Un denier d'argent et un très-beau grand bronze. (Rare.)

329. HOSTILIANUS. — Un denier d'argent. Rev. *Principi iuventutis.* B. C.

330. TREB. GALLUS — Deux deniers d'argent, variés, et un grand bronze. T. B. C.

331. AEMILIANUS. — Un denier d'argent, de très-belle conservation.

332. VALERIANUS. — Quatre deniers d'argent variés dont un *Deo Volkano.* B. C.

333. MARINIANA. — Un denier d'argent. T. B. C. et un grand bronze. (Rare.)

334. GALLIENUS. — Cinq deniers d'argent billon, un grand et un moyen bronze.

335. SALONINA. — Six petits bronzes et un denier d'argent.

336. SALONINUS. — Six deniers de billon.

337. POSTUMUS. — Vingt-sept deniers de billon, tous revers variés. B. C.

338. LAELIANUS. — *Imp. c. Laelianus p. f. Aug.* Tête radiée et barbue de Laelien. Rev. *Victoria aug.* Victoire passant. PB. B. C. (Rare.)

339. VICTORINUS. — Cinq petits bronzes et un denier saussé.

340. MARIUS. Trois petits bronzes ou billons. Rev. *Victoria aug.* (Rare.)

341. TETRICUS. — Cinq Tetricus senior. — Trois Tetricus junior.

342. MACRIANUS JUNIOR. — *Imp. C. Ful. Macrianus p. f. aug.* Tête radiée de Macrien. Rev. *Romae aeternae.* Rome Nicéphore assise. PB. B. C. (Rare.)

343. QUIETUS. — *Imp. C. Ful. Quietus p. f. aug.* Tête radiée de Quietus. rv. *Sol. invicto.* Le Soleil debout. Billon. B. C. (Rare.)

344. QUINTILLUS. — Six petits bronzes et sept autres d'Aurelianus.

345. SEVERINA. — Trois petits bronzes, module et revers variés. B. C.

346. TACITUS. — Florianus. Probus. Carus. Numerianus. Carinus. (12 petits bronzes.)

347. MAGNIA URBICA. — *Magnia Urbica aug.* Tête d'Urbica, posée

sur un croissant. Rev. *Venus genetrix.* Venus debout, PB. B. C. (Rare.)

348. DIOCLETIANUS. — Deux moyens bronzes. — Six petits bronzes. B. C.

349. MAXIMIANUS. — Un denier d'argent. — Huit moyens et petits bronzes.

350. CARAUSIUS. — Un petit bronze. Rev. *Salus aug.* Femme debout. A. B. C. (Rare.)

351. ALLECTUS. — Un petit bronze. Rev. *Virtus aug.* Galère à la voile. B. C. (Rare.)

353. CONSTANTIUS CHLORUS. — Un beau denier d'argent. Rev. *Victoria Sarmat.* — Trois moyens et trois petits bronzes.

354. HELENA. Quatre petits bronzes. A, B. C.

355. THEODORA. Trois petits bronzes, module du quinaire. B. C.

356. MAXIMIN DAZA. — Un moyen et trois petits bronzes.

357. MAXENTIUS. — Deux moyens bronzes et un très-petit bronze.

358. ROMULUS. — Un beau moyen bronze. Rev. *Æternae memoriae.*

359. CONSTANTINUS. — Deux moyens et six petits bronzes.

360. DELMATIUS. — Trois petits bronzes, dont deux modules du quinaire.

361. CONSTANTIUS II. — Deux moyens et trois petits bronzes.

362. NEPOTIANUS. *Fl. pop. nepotianus p. f. aug.* Buste à droite de Népotien, la tête nue, revêtu du manteau impérial. Rev. *Urbs Roma.* Rome Nicéphore assise; à l'exergue: RS. (*romae signatam*). Moyen bronze de petit module. Æ. mod. 9. B. C. Très-rare (1).

363. VETRANIO. — *D. n. Vetranio p. f. aug.* Tête diadémée de Vétranion. Rev. *Virtus exercitum.* L'empereur debout armé d'une lance; à ses pieds, un captif. PB. mod. 7. A. B. C. Rare.

364. MAGNENTIUS. — Trois moyens bronzes. — DECENTIUS. — Deux petits bronzes.

365. JULIANUS II. — Un grand bronze et six petits bronzes.

366. JOVIANUS. — *D. n. Iovianus p. f. aug.* Buste diadémé de Jovien. Rev. *Vot. v, mult. x.* Dans une couronne. PB. B. C. Rare.

367. VALENTINIANUS I. — VALENS. — GRATIANUS. — VALENTINIANUS II. (8 pièces.)

368. THEODOSIUS I. — Six petits bronzes.

369. FLACCILLA. — Deux petits bronzes, dont un module du quinaire (inédit.)

370. ARCADIUS. — *D. n. Arcadius p. f. aug.* Buste diadémé. Rev. *Victoria auggg.* L'Empereur debout, tenant le Labarum et la Victoire, le pied posé sur un captif. Denier d'or. T. B. C.

371. Même tête. Rev. *Victoria augustorum.* Victoire passant. Tiers de sol d'or. T. B. C.

372. HONORIUS. — *D. n. Honorius p. f. aug.* Buste diadémé. Rev. *Victoria auggg. Conob.* L'Empereur debout, posant le pied sur un captif. Denier d'or. T. B. C.

373. THEODOSIUS II. — *D. n. Theodosius p. f. aug.* Buste casqué de Théodose II, armé d'une lance et d'un bouclier. Rev. *Imp. xxxxii. cos. xvii. p. p.* Rome assise. Denier d'or. A. B. C.

374. LEO I. — *D. n. Leo perpet. aug.* Buste casqué de Léon Ier, vu de face, la lance sur l'épaule. Rev. *Victoria auggg. h.* Victoire debout, tenant une longue croix perlée. Denier d'or. T. B. C.

375. SEVERUS III. — *D. n. Severus p. f. aug.* Buste diadémé de Libius Sévérus. Rev. *Victoria auggg.* Victoire assise, tenant une croix. Tiers de sol d'or. T. B. C. Rare.

376. ANASTASIUS. — *D. n. Anastasius p.p. aug.* Buste diadémé d'Anastase. Rev. *Victoriae aaugust. puic* (sic) *cono.* Victoire passant. Tiers de *sol d'or*, trouvé à Girone en 1850.

377. JUSTINUS I. — *D. n. Iustinus p.p. au.* Buste casqué de Justin le Thrace, tenant un globe surmonté d'une Victoire. Rev. *Victoria auggg.* Figure assise de face, tenant le Labarum et le globe crucigère. Denier d'or de fabrique très-grossière.

378. CONSTANTINUS XII. — CONSTANT AOSILE BG. Buste de face de Constantin Monomaque, tenant un sceptre de la main droite et le globe crucigère dans la gauche. Rev. IHS. XIS. REX. REGNANTIHM. Le Christ assis, de face, te-

***

(1) Cette rare monnaie n'existe qu'en ce métal et de ce module; il est excessivement rare de la trouver aussi bien conservée. Mionnet, tome II, page 277, l'estime 100 francs.

nant de la main gauche le livre des Évangiles. Médaillon concave, en or.
T. B. C. Très-rare.

379. CONSTANTINUS XIII. — ΚΩΝ. ΒΑC. ΑΙ. Ο ΔΟΥΚΑC. L'Empereur debout,
tenant le Labarum et le globe crucigère. Rev. IHS. REX. REGNANTIUM. Le Christ
assis de face. Monnaie concave, en or. B. C.

380. MICHAEL VII. — ΜΙΧΑΗΛ. ΒΑCΙΛ. Buste de face de Michaël VII, en riche
costume, portant le Labarum et le globe crucigère. Rev. IX. XC. Buste de
face du Christ, adossé à la croix. Médaillon concave, en or. T. B. C. Rare.

381. MANUEL COMNENUS. — ΜΑΝΟΥΗΛ ΔΕCΠΟΤΗ, Ο. ΠΟΡΦΥΡΟΓΕΝΝΤ. Manuel
debout, revêtu du manteau impérial, portant le Labarum et le globe crucigère. Rev. ΚΕ. ΒΟΗΘΕΙ. Buste de face du Christ, tenant de la main gauche un
rouleau de parchemin. Médaillon concave, en or. T. B. C.

MÉDAILLES DIVERSES EN ARGENT.

382. *Illustrissimi fratres Iohan. et Coriel. de Wit.* Bustes accolés des
frères de Wit, de Hollande. Rev. *Una mente et sorte.* Deux vaisseaux péris-
sant ensemble, d'un même coup de mer; sur la tranche : *Violenta morte de-
leti Hagæ Comitis 20 aug. a°o. 1672.* Médaille d'argent, mod. 21 (1).
T. B. C.

383. *D. G. Ioh Wilh. e. p. r. s. r. i. archid. e elec.* Buste armé de Guillaume, comte Palatin du Rhin. Rev. Buste d'Anne Marie Louise, sa femme,
fille de Cosme III. AR. mod. 22. T. B. C.

384. *Emmanuel Theod. card. Bullionis.* Buste du Cardinal de Bouillon,
fils de Frédéric Maurice dernier prince de Sédan. Rev. *Aperite portas quo-
niam Emmanuel ann. iub. MDCC.* Les Membres du Sacré Collège ouvrant le
jubilé, en 1700. Belle médaille d'argent, très-en relief. Mod. 25. B. C.

385. *Anna d. g. mag. Bri. Fr. et Hib. reg.* Buste lauré. Rev. *Compositis
venerantur armis.* 1713. L'Angleterre debout, tenant une branche d'olivier,
au milieu d'un sujet allégorique symbolisant le Commerce et l'Agriculture.
AR. Mod. 15. B. C.

386. *Georgius d. g. mag. Br. Fr. et Hib. rex.* Buste couronné. Rev.
Inaugurat. XX oct. 1714. Georges Ier, assis, couronné par une femme armée.
AR. Mod. 15. B. C.

387. *Ludovicus XV pius munificus.* Buste lauré. Rev. *Basilicæ et urbi
additum decus.* Vue de la place et de l'église Saint-Sulpice en 1754. A l'exergue : *S. Sulpitii area MDCCLIV.* Méd. d'argent, mod. 18. B. C.

388. Trois personnages debout, rendant la liberté à des prisonniers pour
dettes. Légende : *Prisonniers délivrés par les commerçants de Toulouse.*
1775. Rev. *Le Parlement rendu par le Roy aux vœux de la nation.* Sujet
Allégorique. AR. Mod. 18. T. B. C. Rare et d'un beau travail.

389. *Wellington Duque de Ciudad Rodrigo.* Tête nue de Wellington à
gauche. Rev. *Triunfo de Vitoria.* anno 1813. Victoire debout sur un champ
de bataille. AR. Mod. 20. T. B. C.

390. Quatre jetons variés en argent, dont un à l'effigie de Marie-Joséphine,
dauphine de France en 1749. B. C.

MONNAIES D'ARGENT DE GRAND MODULE, DES ÉTATS
ET PERSONNAGES CI-APRÈS :

391. Elisabeth d'Angleterre (1558-1603). Buste couronné. AR. mod. 15.
A. B. C.

392. Mathias, emp. d'Allemagne, frappé à Brême en 1611. AR. Mod. 17. B. C.

393. Honoré II, pr. de Monaco. Grand écu à effigie, 1650. AR. Mod. 18. B. C.

394. Olivier Cromwel. Demi-couronne (half crown) à effigie, 1658. AR.
Mod. 14. B. C.

395. Christian de Saxe-Gotha. — Effigie. 1697. AR. Mod. 19. B. C.

396. Charles VI d'Allemagne. Brême, 1723. — Lubeck, 1731. (Deux pièces.)
AR. 19. T. B. C.

397. Charles Auguste de Hohenlohe. — Effigie. 1737. AR. Mod. 18. B. C.

---

(1) Les abréviations et modules sont indiqués d'après l'échelle numismatique de
ma Description du Cabinet monétaire de D. José Garcia de la Torre.

398. Frédéric II de Prusse. Deux thalers variés, 1750 et 1785. AR. Mod. 17. B. C.

399. Élizabeth de Russie. — Effigie. 1754. AR. Mod. 17. A. B. C.

400. Marie, régente de Saxe-Weimar. — Effigie. 1765. AR. Mod. 15. T. B. C.

401. Xavier-Auguste, régent du duché de Saxe. — Dito 1765. AR. 18. B. C.

402. Joseph II d'Allemagne. — Effigie. 1766. AR. Mod. 18. B. C.

403. Jean-Louis Voirat, comte de Lœwenstein-Wertheim. — Effigie. 1766. AR. 17. B. C.

404. Maximilien-Joseph de Bavière. — Effigie. 1771. AR. Mod. 18. A. B. C.

405. Stanislas-Auguste de Pologne. — Dito 1775. AR. Mod. 17. B. C.

406. François-Louis, évêque de Bamberg. — Dito 1779. AR. Mod. 18. T. B. C.

407. Marie-Thérèse d'Allemagne. — Dito 1780. AR. Mod. 18. B. C.

408. Louis-Frédéric-Charles de Hohenlohe. — Dito. 1785. AR. B. C.

409. Joseph-Maximilien de Furstemberg. — Dito. 1790. AR. 18. B. C.

410. Pie VII, pape. 1795. *Baiocchi sessanta*. AR. Mod. 17. A. B. C.

411. République Napolitaine, 1799. AR. Mod. 17. B. C.

412. République Cisalpine. 1799. AR. Mod. 17. B. C.

413. République Piémontaise. 1799. AR. Mod. 16. B. C.

414. Max.-Joseph de Berg. 1802. — Effigie. AR. Mod. 15. B. C.

415. Félix et Elisa Napoléon, de Piombino. 1805. AR. Mod. 16. B. C.

416. Charles-Louis d'Étrurie. 1806. Têtes en regard. AR. 18. B. C.

417. Joseph Napoléon, de Naples. 1807. AR. Mod. 17. B. C.

418. Joachim Murat, de Naples. Deux pièces variées, 1809 et 1813. AR. 17.

419. Girone (siège de). 1808. Piastre ou peso fuerte. AR. Mod. 18. B. C.

420. Tarragone. Monnaie de nécessité. 1809. AR. Mod. 18. B. C.

421. Barcelone. Occupation française (1808-1814). 5 pesetas. AR. Mod. 18. B. C.

422. Jérôme Napoléon, de Westphalie. 1812. AR. Mod. 17. B. C.

423. Frédéric VI de Danemarck. 1/2 écu. — Dito de Bolivar. 2 p. AR. Mod. 13.

424. Frédéric-Auguste, de Saxe. 1815. — Effigie. AR. Mod. 17. B. C.

425. Georges III, d'Angleterre. 1819. Effigie. AR. Mod. 17. B. C.

426. Iles Baléares. 1823. Douro constitutionnel. AR. Mod. 18. B. C.

427. Ferdinand VII, d'Espagne. — Dito de Barcelone, 1823. AR. 17. T. B. C.

428. Dom Miguel de Portugal. Cruzado d'argent, 1833. AR. 15. B. C.

429. Honoré V, prince de Monaco, 1837. AR. Mod. 17. B. C.

430. Paul-Frédéric-Auguste, d'Oldenbourg. — Effigie. 1840. AR. 19. B. C.

431. Trois écus variés, représentant la famille de Louis I de Bavière.

432. Milan (gouv. provisoire de). 1848. 5 lire italiane. AR. Mod. 17. B. C.

433. Dona Maria II de Portugal. — Série des trois monnaies d'argent à effigie, 1000 reis (très-rare), 500 et 100 reis. — Plus la série du cuivre. B. C.

434. Isabel II, d'Espagne. — Série des cinq monnaies d'argent. B. C.

On vendra en commençant les vacations les lots suivants :

435. Cinquante-huit monnaies consulaires en argent, toutes variées.

436. Trente-six monnaies consulaires et impériales en argent.

437. Trente monnaies municipes et coloniales d'Espagne, en bronze.

438. Deux mille monnaies romaines, grands, moyens et petits bronzes.

439. Plusieurs lots de monnaies françaises et étrangères en argent.

440. Environ 300 médailles modernes en bronze, divisées par lots.

441. Un lot de 610 jetons et monnaies étrangères en cuivre.

FIN.

IMPRIMERIE DE J. CLAYE ET Cⁱᵉ, RUE SAINT-BENOÎT, 7.

SOUS PRESSE POUR PARAITRE TRÈS-PROCHAINEMENT

CATALOGUE
DES MONNAIES ET MÉDAILLES

recueillies

EN ESPAGNE, EN PORTUGAL ET AUX ILES BALÉARES, DE 1850 À 1854

PAR JOSEPH GAILLARD

Membre de plusieurs Sociétés savantes, auteur de la Description des Monnaies espagnoles
du Cabinet monétaire de D. José Garcia de la Torre.

Cette collection, dont la vente aura lieu très-prochainement à Paris, aux enchères publiques, se compose d'un bon nombre de monnaies phéniciennes et hébraïques trouvées en Espagne, la plupart inédites; de celtibériennes attribuées à Sesaraca, Olisippo, Jecsalim, Attacum, Nerebas, Arsi, Sagunum, Segontia, Bœnla, Orospeda, aux Bascons, Pelendones, Betteres, etc., etc.; de municipes, parmi lesquelles: Myrtilis, Cœro, Ilurcon, Odacisa, Ascua, Scaro, Asta, Caura, Carbula, Lacippo, Amba, Castulo, Ceret, Epora, Ventipo, Segeda, Bailo, Ipagro et des Vettones. — Des monnaies d'argent d'Emporiæ, au type du pégase, avec légendes phéniciennes, celtibériennes et grecques, et la plus grande partie des monnaies coloniales d'Espagne.

Viennent ensuite quelques beaux médaillons d'argent de la grande Grèce; vingt-cinq variétés en argent, des gauloises de la Narbonnaise; de grands as romains d'ancien style; 400 consulaires variées; monnaies impériales romaines (2ᵉ partie), dont un grand bronze de Tibère avec tête, Plotina, Pertinax, Scantilla, Paulina, etc.; une jolie suite de tiers de sol d'or, des rois goths d'Espagne, tels que Liuva, Leovigildus, Reccaredus, Wittericus, Suinthila, Ervigius, Egica, Wittiza, etc.; six cents monnaies arabes d'Espagne et d'Afrique, frappées à Cordoue, Grenade, Malaga, Almeria, Séville, Fez, Saragosse, Badajoz, Zehra, Ceuta, Denia, Valence, Tolède, Jativa, Madrid, Murcia, Baëza, etc.; ainsi que de rares dinars d'or, à légendes bilingues, des premiers temps de la conquête; des monnaies de Syrie; un dinar bilingue inédit de Raymond Bérenger, comte de Barcelone; des monnaies modernes d'Orient et d'Afrique, parmi lesquelles un fels de l'émir Abd-el-Kader, frappé à Tagdemt.

Parmi les monnaies françaises, on remarque quelques tiers de sol d'or, des deniers carlovingiens et bon nombre de monnaies d'or et d'argent de la troisième race, parmi lesquelles des Louis XII frappés à Milan et à Gênes, Louis XIII et XIV (en argent) frappés en Catalogne et en Navarre, des Louis XIII frappés à Vich, Tarrega et Girone, etc., etc.; quelques séries des écus de Louis XIII, XIV, XV et XVI. — Une importante collection de monnaies et médailles de la révolution de 1789 à 1796, y compris une nombreuse série d'assignats et billets de confiance, de la même époque, portant le nom des villes qui les ont émis. — Monnaies d'argent des républiques italiennes et celles des royaumes et principautés fondées à l'étranger par Napoléon. — Des monnaies de sièges et de nécessité, etc. etc.; en monnaies baronnales: celles des comtes de Béarn, d'Alby, de Montpellier, d'Urgel, de Vich, de Provence, d'Orange, de Roussillon et des rois de Navarre. — Quelques monnaies d'or anglo-françaises d'Aquitaine, des monnaies de Flandres, quelques bretonnes et plusieurs monnaies d'or et grands écus de Lorraine et de Bar.

Nous signalerons encore à l'attention des amateurs, une série d'anciennes monnaies portugaises, formant une suite fort curieuse continuée jusqu'à nos jours; on y remarque: Sanche II, Alphonse III, IV, V et VI, Denis 1ᵉʳ, Fernand 1ᵉʳ, Jean 1ᵉʳ, II, III et IV, Édouard 1ᵉʳ, Emmanuel, Antoine de Crato, Sébastien, Philippe II et III d'Espagne, Dom Miguel, etc., etc. — Parmi les autres monnaies de la Péninsule, on remarque encore les séries des rois des Asturies, de Léon et Castille, où figurent les deniers inédits de Bermude, Alphonse VII et VIII, de la reine Uraca (frappés à Léon et dans le monastère de Saint-Antoine), Ferdinand II, Henri 1ᵉʳ, etc. — Celles des rois d'Aragon, de Valence, de Navarre, de Mayorque, des comtes de Barcelone, etc. — Quelques sceaux du moyen âge, des poids et jetons des villes de France, ainsi que beaucoup de médailles historiques anciennes et modernes, principalement italiennes et espagnoles.

Ce catalogue contiendra quelques notes historiques et des renseignements sur les collections d'Espagne et de Portugal, ainsi que les dessins de quelques-unes des monnaies inédites, un tableau des légendes phéniciennes, hébraïques, tordetanes et celtibériennes des monnaies de la collection, et une notice des livres de numismatique, d'archéologie et d'histoire, dont la vente aura lieu à la même époque.

Afin de couvrir les frais d'impression, de gravure et d'affranchissement de ce catalogue, on souscrit dès à présent, au prix de 4 francs pour la France et de 6 francs pour l'étranger, chez M. ROLLIN, rue Vivienne, nº 12, et chez M. Joseph GAILLARD, rue de Vaugirard, nº 16, à Paris.

PARIS. — IMPRIMERIE DE J. CLAYE ET Cᵉ, RUE SAINT-BENOÎT, 7.